BEI GRIN MACHT SICH IHR WISSEN BEZAHLT

Die Informationssicherheit in der Cloud. Einsatzmöglichkeiten von CASB-Lösungen

Onur Güldali

Bibliografische Information der Deutschen Nationalbibliothek:

Die Deutsche Nationalbibliothek verzeichnet diese Publikation in der Deutschen Nationalbibliografie; detaillierte bibliografische Daten sind im Internet über http://dnb.d-nb.de abrufbar.

ISBN: 9783346408044
Dieses Buch ist auch als E-Book erhältlich.

Druck und Bindung: Books on Demand GmbH, Norderstedt Germany
Gedruckt auf säurefreiem Papier aus verantwortungsvollen Quellen

Das vorliegende Werk wurde sorgfältig erarbeitet. Dennoch übernehmen Autoren und Verlag für die Richtigkeit von Angaben, Hinweisen, Links und Ratschlägen sowie eventuelle Druckfehler keine Haftung.

Das Buch bei GRIN: https://www.grin.com/document/1011972

FOM Hochschule für Oekonomie und Management

Hochschulzentrum Essen

Hausarbeit

im Studiengang IT-Management

über das Thema

Einsatz von CASB zur Sicherstellung der Informationssicherheit in der Cloud

von

Onur Güldali

,+
Abgabedatum: 17.06.2018

Inhaltsverzeichnis

Abkürzungsverzeichnis

API	Application programming interface
CASB	Cloud Access Security Brokers
IaaS	Infrastructure-as-a Service
IAM-System	Identity and Access Management-System
NIST	National Institute of Standards and Technology
PaaS	Platform-as-a-Service
SaaS	Software-as-a-Service
SIEM-System	Security Information and Event Management-System
SLA	Service-Level-Agreement
VPN	Virtual Private Network

Abbildungsverzeichnis

1 Einleitung

Die Digitalisierung und somit die Vernetzung zwischen Menschen, Maschinen und Produkten wirkt sich auf die Entwicklung des globalen Marktes aus. Erfolgreiche Unternehmen in der heutigen Zeit haben die Digitalisierung wahrgenommen. Dabei sind die Anforderungen an die Digitalisierung je nach Unternehmen individuell. Der deutsche Versandhandel Otto ist ein Beispiel dafür, der durch die Digitalisierung den Wandel vom traditionellen Katalogversand zum erfolgreichen deutschen Online-Handel für verschiedene Produkte geschafft hat.

Dieser digitale Wandel wird durch den Einsatz von Cloud-Computing unterstützt. Im Zeitalter der Digitalisierung sorgt die Cloud für eine hohe Geschwindigkeit bei der Informationsübertragung und der effizienten Gestaltung von Services. Durch den Einsatz der Cloud lassen sich dabei die benötigten Informationen in Echtzeit zentralisieren und auswerten.[1] Im Auftrag der KPMG AG wurde anhand einer Umfrage von Bitkom Research ermittelt, das zwei Drittel der deutschen Unternehmen Cloud-Computing 2016 im Einsatz hatten. Dabei kam hervor, dass in Unternehmen mit weniger als 100 Mitarbeitern der Cloud-Einsatz bei 64 Prozent liegt. Bei Unternehmen mit weniger als 2.000 Mitarbeitern liegt dieser Wert bei 69 Prozent. Der Einsatz von Cloud-Lösungen liegt in Unternehmen, die mehr als 2.000 Mitarbeiter beschäftigen bei 67 Prozent. Aus dieser Umfrage ist ebenfalls zu entnehmen, dass die meisten Unternehmen den Sicherheitsmaßnahmen ihrer Cloud-Lösungen zum Schutz sowohl ihrer unkritischen als auch ihrer kritischen Daten vertrauen. Jedoch traten trotzdem Sicherheitsvorfälle auf und somit sind nicht alle Sicherheitsmaßnahmen ausreichend. Es gibt verschiedene Ansätze, um die Informationssicherheit in der Cloud zu erhöhen.[2] Auch große Cloud-Dienstleister werden mit Problemen konfrontiert, die die Verfügbarkeit und die Sicherheit von Cloud-Anwendungen bedroht haben. Daher ist es wichtig diese Aspekte in jedem Cloud-Projekte zu berücksichtigen.[3]

In diesem Zusammenhang verfolgt diese Arbeit das Ziel die Herausforderungen der Cloud-Sicherheit aus organisatorischer und technischer Sicht herauszuarbeiten. Zusätzlich befasst sich diese Arbeit mit der Auswertung von derzeit publizierten Quellen, um die aktuelle Situation von Cloud-Lösungen genauer darzustellen. Damit soll Transparenz über die aktuelle Lage von Cloud-Computing geschaffen und Chancen und Risiken des Cloud-Einsatzes verdeutlicht werden. Als eine Maßnahme zur Sicherstellung

---

[1] Vgl. Abolhassan Hrsg. (2016), S. 5-8.
[2] Vgl. Bitkom (2017).
[3] Vgl. Streitberger, Ruppel (2009), S. 1.

der Informationssicherheit in der Cloud wird das Thema Cloud Access Security Brokers (kurz: CASB) näher behandelt. In dieser Arbeit werden dazu der Aufbau und die Einsatzmöglichkeiten einer CASB-Lösung erarbeitet. Zusammen mit der Einleitung besteht die Arbeit aus fünf Kapiteln. Im zweiten Kapitel werden zunächst Grundlagen im Bereich von Cloud-Computing definiert. Das dritte Kapitel befasst sich mit den Herausforderungen die mit dem Einsatz von Cloud-Lösungen entstehen. Darauf folgt das vierte Kapitel, das sich mit der Erläuterung und dem Aufbau von CASB beschäftigt. Im letzten Kapitel werden dann die Ergebnisse dieser Arbeit abschließend zusammengefasst.

2 Grundlagen Cloud-Computing

2.1 Begriffserklärung

Nach der Definition des National Institute of Standards and Technology (kurz: NIST), wird Cloud-Computing als ein bedarfsorientiertes und flexibles System beschrieben, das über ein Netzwerk oder das Internet zur Verfügung gestellt wird und den Zugriff auf IT-Ressourcen, wie Anwendungen, Server und Speicher ermöglicht.[4] Ein Cloud-System lässt sich in drei Service-Ebenen unterteilen. Dazu zählt Software-as-a-Service (kurz: SaaS) als Anwendungs-Dienst, Platform-as-a-Service (kurz: PaaS) als Entwicklungsumgebungs-Dienst und Infrastructure-as-a-Service (kurz: IaaS) als Infrastruktur-Dienst. Dabei werden diese Servicemodelle durch die Organisationsformen Public-, Privat- und Hybrid-Cloud abgebildet.[5] Nach der NIST-Definition werden Cloud-Dienste mit folgenden Eigenschaften dargestellt:[6]

- **On-demand Self Service:** Der Anwender kann benötigte IT-Ressource, wie Netzwerkspeicher selbstständig in Anspruch nehmen ohne dass der Provider in diesen Prozess einbezogen werden muss.
- **Broad Network Access:** Auf benötigte Ressourcen kann durch den Einsatz von Standards über ein Netzwerk und eingesetzten Endgeräten wie Smartphones, Tablets und Laptops zu gegriffen werden.
- **Resource Pooling:** Die Ressourcen des Providers werden gebündelt und mit einem mandantenfähigen Modell je Bedarf an die Anwender zugewiesen. Dabei haben die Kunden in der Regel aber keinen Überblick über den Standort, aus dem die physischen und virtuellen Ressourcen zur Verfügung gestellt werden.
- **Rapid Elasticity:** Benötigte Kapazitäten sind schnell und flexibel abrufbar, sie werden nach Bedarf skaliert. Beim Aufkommen von einem erhöhten Datentransfer können beispielsweise automatisch auf weitere Ressourcen zurückgegriffen werden. Anderseits können die abgerufenen Ressourcen wieder gesenkt werden, wenn die Anforderungen wieder sinken.

- **Measured Services:** Der Einsatz von verschiedenen Messverfahren führt zur Kontrolle und Optimierung der Nutzung in Cloud-Systemen. Damit wird für den Kunden und auch

---

[4] Vgl. Schneider, Sunyaev (2015), S. 5f.
[5] Vgl. Münzl et al. (2015), S. 9-12. [6] Vgl. Mell, Grance (2011), S. 2.

3

dem Dienstleister Transparenz über die genutzten und tatsächlich benötigten Dienste geschaffen.

2.2 IaaS, PaaS und SaaS

Die unterste Ebene beim Cloud-Computing bildet dabei die Schicht IaaS ab. Auf dieser Ebene werden skalierbare Netzwerk-, Rechen- und Speicherkapazitäten als IT-Dienstleistung zur Verfügung gestellt. Entsprechend des Bedarfes erhalten Cloud-Nutzer Zugriff auf virtuell bereitgestellte Komponenten, nutzen diese und geben sie nach Gebrauch frei. In einem vertraglich abgeschlossenen Service Level-Agreement (kurz: SLA), wird dabei festgehalten in wie fern der jeweilige Cloud-Nutzer auf die gewünschten IT-Ressourcen zugreifen kann. Ein Praxisbeispiel aus dem B2B-Umfeld stellt z.B. Amazon EC2 da. Diese Amazon Dienstleistung stellt Rechenleistung zur Verfügung. Die Dienstleistung iCloud von Apple stellt zusätzliche Speicherkapazitäten zur Verfügung und ist ein Beispiel im B2C-Umfeld. Die PaaS-Ebene bildet die zweite Ebene ab. An dieser Stelle wird eine Dienstleistung für Anwendungsentwickler zur Verfügung gestellt. Diese Ebene stellt Entwicklungsumgebungen zur Verfügung und ermöglicht dem Entwickler eigene Programme über die Cloud zu entwickeln. Die Produkte Azure von Microsoft und App Engine von Google sind Beispiele für PaaS-Dienstleistungen. Mittels der dritten Cloud Ebene werden dem Anwender ganze Anwendungen als Service in einer standardisierten Form zur Verfügung gestellt. Für die Weiterentwicklung und Wartung der SaaS-Anwendung ist der Cloud-Provider zuständig. Die Möglichkeit die Anwendungen individuell anzupassen ist somit für den Anwender nicht vorgesehen. Damit erhält der Anwender kein gesondertes Nutzungsrecht auf die Anwendung und alle Anwender können somit auf eine identische und aktuelle Version der Anwendung zugreifen.[6]

2.3 Public, Privat und Hybrid

Die Public-Cloud beschreibt einen Service der über das Internet von einem Dienstleister betrieben und zur Verfügung gestellt wird. Der Dienstleister ist dabei der Inhaber der Software und aller Komponenten der Infrastruktur in der Cloud. Damit legt er ohne den Einfluss der Kunden die Maßnahmen für den Betriebsprozess und die Sicherheit fest. Beispiele aus der Praxis sind unteranderem Google Apps oder Microsoft 365.[7] Bei der Private-Cloud handelt es sich um eine unternehmensinterne Cloud-Lösung. Der Zugang auf solch einen Dienst ist in der Regel auf die Mitarbeiter und in einigen Fällen auf die

---

[6] Vgl. Münzl et al. (2015), S. 10ff.
[7] Vgl. Münzl et al. (2015), S. 13.

Kunden und Lieferanten eines Unternehmens beschränkt.[8] Eine Hybride-Cloud besteht aus der Kombination von mehreren Cloud Lösungen und kombiniert unteranderem die Vorteile einer Public- und Private Cloud. Je nach Anwendungsfall können dann nicht kritische Informationen in einer Public-Cloud extern betrieben werden und sensible Informationen in einer Private Cloud.[9]

2.4 Datenschutz und Informationssicherheit

Im Cloud-Umfeld ist die Verarbeitung von Daten, die der Cloud-Dienstleister vom Cloud-Anwender erhält typisch. Wenn es sich dabei um personenbezogene Daten handelt, muss dieser Prozess auf Grundlage von datenschutzrechtlichen Verordnungen gewährleistet sein.[10] Der Begriff Datenschutz beschreibt dabei den Schutz personenbezogener Daten vor der unbefugten Verarbeitung durch Dritte. Die Datensicherheit hingegen ist Bestandteil der Informationssicherheit und somit ist hier der Schutz aller Daten hinsichtlich Integrität, Verfügbarkeit und Vertraulichkeit gemeint.[11] Bei der Wahl einer Cloud-Lösung ist die Informationssicherheit ein wichtiger Aspekt vor allem dann, wenn das Cloud-Angebot eines Dienstleisters wahrgenommen wird. Da sich die Informationen dann auf den Servern des Dienstleisters befinden, gelten die Datenschutzbestimmungen des jeweiligen Landes in dem Sich der Sitz des Dienstleisters befindet. Aus diesem Grund tendieren Unternehmen dazu Cloud-Anbieter zu wählen, deren Server sich in Deutschland befinden.[12]

3 Herausforderungen der Cloud

3.1 Chancen und Risiken

In der heutigen Zeit muss der IT-Einsatz schnell, skalierbar, zuverlässig und kostengünstig sein, um Marktchancen für Unternehmen effizient zu ergreifen. Um auf dem Markt kontinuierlich etabliert zu sein, ist es für Unternehmen wichtig auf Veränderungen schnell zu reagieren. Damit Geschäftsprozesse wie zum Beispiel die Produktentwicklung oder Kampagnen im Marketing effizient umgesetzt werden können, ist es wichtig das IT gestützte Informationen schnell verfügbar sind. Dabei dient die Cloud als Antwort auf diese Anforderungen und unterstützt die Geschäftsprozesse von Unternehmen. Dadurch ist es möglich neue Geschäftsprozesse zu ermöglichen und effizient zu implementieren.

---

[8] Vgl. Barton (2014), S. 46.
[9] Vgl. Borges Hrsg., Schwenk (2012), S. 48.
[10] Vgl. BSI (2012), S. 73.
[11] Vgl. DOLPHIN (2017), S. 1.
[12] Vgl. Bundesdruckerei (2017), S. 25.

Benötigte IT-Ressourcen stehen schnell zur Verfügung und können bei Bedarf in verschiedenen Projekten eingesetzt werden. [13] Unteranderem ermöglicht Cloud-Computing nachfolgende Chancen für Unternehmen:[14]

- Agilität, Flexibilität und Skalierbarkeit: Die IT ist eines der geschäftskritischen Aspekte eines Unternehmens. Der Einsatz eines Cloud-Dienstes ermöglicht es IT-Ressourcen flexibel im Unternehmen einzusetzen und somit auf Veränderungen im Markt erfolgreich zu reagieren.

- Verringerung von Administrationsaufwand und Komplexität: Der Einsatz der Cloud reduziert die Komplexität der IT-Systemlandschaft eines Unternehmens und verringert damit den administrativen Aufwand.

- Senkung der IT-Ausgaben: Aufgrund der Cloud basierenden Automatisierungen, Standardisierung und Virtualisierung werden IT-Ausgaben gesenkt.

Bei der Einführung einer Cloud-Dienstleistung ist es wichtig, dass Cloud-Projekt strukturiert zu planen, um das Risiko des Scheiterns zu vermindern. Dabei muss unter anderem die Informationssicherheit betrachtet werden. Es muss ermittelt werden, welche Bedrohungen vorhanden sind und wie die davon betroffenen Prozesse und Informationen zu schützen sind. Die Grundwerte der Informationssicherheit Integrität, Verfügbarkeit und Vertraulichkeit gelten somit auch für Cloud-Computing. Allgemein betrachtet sind Cloud-Nutzer von Bedrohungen in Bezug auf die Cloud-Infrastruktur und bei der Einführung und Verwendung der Cloud betroffen. Zunächst einmal muss der Cloud-Anbieter sicherstellen das der Cloud-Dienst vor Angriffen auf die Cloud von außen, wie durch Denial-of-Service Attacken, vor Informationsverlusten und vor Manipulation der Informationen durch verschiedene Nutzer aus der Cloud heraus geschützt wird und das Netzwerkausfälle zu vermeiden sind, da die jeweiligen Nutzer in diesem Fall keinen Zugang zu benötigten Anwendungen und Informationen erhalten. Der Cloud-Nutzer hingegen muss unteranderem mit Identitätsdiebstählen, mit Sicherheitslücken von Endgeräten, mit denen die Cloud verwendet wird und der Möglichkeit rechnen, dass Informationen bei der Netzwerkübertragung bei unzureichender Verschlüsselung abgefangen werden können.[15]

3.2 Umgang mit Daten

Cloud-Systeme sind mittlerweile einfach und schnell verfügbar, die Umsetzung jedoch stellt für Unternehmen einige Herausforderungen dar. Dabei ist das Risiko vorhanden, dass Unternehmensdaten in der Cloud verloren gehen können, oder dass Kundendaten

---

[13] Vgl. Bitkom (2013), S. 8.
[14] Vgl. Bitkom (2013), S. 10.
[15] Vgl. BSI (2016), S. 8.

missbräuchlich verwendet werden. [16] Wenn Unternehmen Cloud-Dienste in Anspruch nehmen wollen, ist dies erlaubt solange die zu verarbeiteten Informationen innerhalb Europas oder des Europäischen Wirtschaftsraumes liegen. Damit soll das mögliche Sicherheitsrisiko verringert werden, da ein angemesseneres Schutzniveau für die Daten angenommen wird. Damit das Angebot eines Cloud-Providers angenommen werden kann, dessen Sitz sich außerhalb des Europäischen Raumes befindet, müssen spezielle Verträge unter der EU-Standardvertragsklausel vereinbart werden. Wenn Unternehmen die Cloud zu den Verarbeitungen von personenbezogenem Daten einsetzen möchte, wie zum Beispiel Informationen über Arbeitnehmer oder Kunden, muss dies in einem weiteren Vertrag mit dem Dienstleister beschlossen werden. [17] Eine Studie von Kaspersky Lab zufolge können einige Unternehmen, die ihre Anwendungen in einer Cloud betreiben nicht zuverlässige Aussagen darüber treffen, ob und welche Unternehmensdaten intern und welche bei einem Cloud-Dienstleister gespeichert sind. Aus der Studie geht hervor, dass nicht alle Unternehmen Vorgaben zu Sicherheitsrichtlinien im Umgang mit Cloud-Anwendung verwenden. Sicherheitsvorfälle die dadurch im Cloud-Umfeld entstehen, führen bei Großunternehmen zu einem durchschnittlichen Schaden von 1,2 Millionen US-Dollar und in mittelständischen und kleinen Unternehmen sind es im Schnitt 100.000 US-Dollar.[18]

Damit die Cloud-Dienste in einem sicheren Umfeld betrieben werden können ist es für Unternehmen wichtig einen vertrauensvollen und zertifizierten Dienstleister zu wählen, dessen Cloud-Angebote auf Basis von überprüfbaren SLAs erstellt werden. Durch den Einsatz einer Cloud-Dienstleistung können kleine und mittlere Unternehmen ihre Sicherheit steigern und auf die best practice eines spezialisierten Cloud-Dienstleisters zurückgreifen. Hingegen sollten große Unternehmen die Sicherheitsstrategie eines potentiellen Cloud-Dienstes sorgfältig und je nach Geschäftsprozess entscheiden, ob der jeweilige Dienstleister gegeben Anforderungen entsprechen.[19]

3.3 Shadow-IT vs. Cloud

Mit Shadow-IT wird beschrieben, dass bestimmte IT-Lösungen von Fachabteilungen ohne die Kenntnis der IT-Abteilung eingesetzt werden. Die Fachabteilungen setzen eigenständig IT-Systeme ein oder beschäftigen im Rahmen der Fachbereiche eigene, interne IT-Mitarbeiter. Diese möglichen Szenarien bestehen parallel zur offiziellen IT-Infrastruktur, die von der IT-Abteilung und dem Unternehmen genehmigt wird. Dazu

---

[16] Vgl. Münzl et al. (2015), S. 20.
[17] Vgl. Münzl et al. (2015), S. 44.
[18] Vgl. Roesner (2017).
[19] Vgl. Streitberger, Ruppel (2009), S. 1ff.

zählen beispielsweise eigenständig entwickelte Anwendungen zur Verarbeitung von Daten.[20] In der Cloud ist damit gemeint, dass Cloud-Dienste von Mitarbeitern eingesetzt werden, die von der IT-Abteilung noch nicht genehmigt wurden. Solche Szenarien entstehen, da Mitarbeiter unter anderem durch den Einsatz eigener Cloud-Lösungen ihre Arbeit effizienter gestalten wollen oder weil sie nicht wissen, dass das Unternehmen ein ähnliches Produkt verwendet, das bereits von der IT-Abteilung genehmigt wurde. Shadow-IT in der Cloud stellt somit eine erhöhte Bedrohung für Unternehmen dar, da dadurch Kronjuwelen abhandenkommen oder Schadsoftware in das Unternehmen eingeführt werden können.[22]

4 Lösungsansatz CASB

4.1 Einführung in CASB

Laut Gartner werden CASBs als eine Sicherheitsrichtlinie beschrieben, die zwischen einem Cloud-Dienst und den jeweiligen Cloud-Anwendern platziert wird. Ziel ist es dabei die Sicherheit der Cloud, beim Zugriff auf Ressourcen zu erhöhen.[21] Zu den vier Hauptsegmenten von CASBs gehören Cloud-Sicherheit, Compliance, Schutz vor Bedrohungen und Transparenz, diese werden in der folgenden Auflistung näher erläutert:[22]

- Cloud-Sicherheit: An dieser Stelle wird die Datensicherheit zum Schutz kritischer Daten in der Cloud behandelt. Ein wichtiger Aspekt ist dabei unteranderem die Verschlüsselung von sensiblen Informationen.

- Compliance: Dieses Segment beschäftigt sich mit der Einhaltung von staatlich vorgegeben Regelungen sowie den Unternehmensrichtlinien zur ordnungsgemäßen Nutzung einer Cloud.

- Schutz vor Bedrohungen: Dieser Aspekt beinhaltet die Möglichkeit, eine Richtlinie aufzusetzen, mit der Bedrohungen identifiziert und verhindert werden können. Dazu zählt beispielsweise die Erkennung von verdächtigen Zugriffen auf die Cloud.

- Transparenz: Die Anforderung an dieser Stelle ist es Einsicht über die Benutzer, die Daten und die Zugangskontrolle zu haben, um Sicherheitsaspekte in der Cloud zu überwachen.

---

[20] Vgl. Zimmermann, Rentrop (2012), S. 60f. [22] Vgl.
Obregon (2017), S. 6f.
[21] Vgl. Gartner (2018).
[22] Vgl. Obregon (2017), S. 8.

4.2 CASB-Architektur

Zusätzlich werden mit einem CASB vier unterschiedliche Architekturen angeboten, um Sicherheitsanforderungen an die Cloud zu erfüllen. Dazu zählen Log collection, API, Forword Proxy und Reverse Proxy, diese werden in den nachfolgenden Kapiteln zunächst beschrieben und dann mit Hilfe des Tools ARIS Express visualisiert.[25]

4.2.1 Log collection

Mit der Log collection wird das Ziel verfolgt, nicht autorisierte Handlungen in der Cloud zu ermitteln. Für diesen Vorgang werden auf Informationen aus dem Netzwerk zurückgegriffen. Dazu zählen zum Beispiel Sicherheits-Gateways, Proxy Server oder Firewalls. In der Regel werden, die gesammelten Informationen dann lokal zusammengetragen und dann an den CASB weitergeleitet. Dabei fungiert ein Connector-Server als Verbindung zwischen einem Security Information and Event Management-System (kurz: SIEM-System) und dem CASB. Informationen aus dem CASB können automatisch zur Sicherheitsanalyse an das SIEM-System weitergeleitet werden.

In der folgenden Abbildung wird unter den Punkten eins und zwei dargestellt, wie sowohl interne als auch externe Anwender über das Unternehmensnetzwerk nicht genehmigte Cloud-Dienste in Anspruch nehmen. Die externen Cloud-Anwender erhalten dabei über ein Virtual Private Network (kurz: VPN) Zugang zum Unternehmensnetzwerk. In Schritt drei werden die erstellten Protokolle, somit die Informationen über die Interaktionen im Netzwerk vom Web Security Gateway und der Firewall an den Connector-Server weitergeleitet, der die Informationen im vierten Schritt an den CASB übermittelt. In Schritt fünf werden Sicherheitswarnungen vom CASB, über den Connector-Server an das SIEM-System, zur Verarbeitung im sechsten Schritt durch Datenanalysten weitergereicht. Im sechsten Schritt ist auch zu sehen, dass der Datenanalyst Zugriff auf die CASB-Schnittstelle hat, um die

Informationen angemessen zu verstehen.[23]

---

[23] Vgl. Obregon (2017), S. 9.

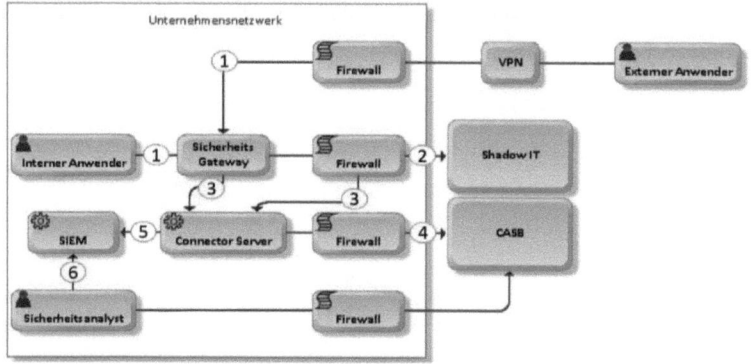

Quelle: In Anlehnung an Obregon (2017), S. 10.

Abbildung 1: Visualisierung der Log collection Architektur

4.2.2 API

Application programming interface (kurz: API) basierende CASB-Lösungen werden über eine Schnittstelle direkt mit der Cloud-Umgebung verbunden, um die Cloud Nutzung zu überwachen. Jede Aktivität des Anwenders auf der Cloud-Umgebung wird vom CASB über die API-Schnittstelle erfasst. Zusätzlich werden festgelegte Sicherheitsstandards durch den CASB und über die API erzwungen. Dazu gibt es zwei Möglichkeiten, bei der ersten bieten CASB-Anbieter an, die CASB-Lösung über die API des Cloud-Anbieters zu verbinden. Auf der anderen Seite gibt es CASB-Lösungen, die ihre eigenen API-Schnittstellen mitliefern. Die API basierte Architektur bietet Mitarbeitern, die für die Sicherheit zuständig sind die Möglichkeit, die Cloud-Nutzung zu überprüfen unabhängig von welchem Gerät oder von welchem Standort aus Anwender auf die Cloud zugreifen. API basierende CASBs bieten den Zusatz anhand von historischen Daten in der Cloud Verhaltensanalysen durchzuführen, um Sicherheitsvorfälle vor der Implementierung des CASBs zu erkennen. Darauf aufbauend können dann im CASB Verhaltensrichtlinien zur Erkennung von auffälligen Aktivitäten festgelegt werden.[24]

In der nächsten Abbildung wird zunächst, genau wie in der vorherigen Abbildung der Zugang von internen und externen Anwendern auf die Cloud über das Sicherheits-Gateway dargestellt. Jede Aktivität des Anwenders auf der Cloud-Umgebung wird vom CASB über die API-Schnittstelle erfasst. Zusätzlich werden festgelegte Sicherheitsstandards durch den CASB und über die API erzwungen (Schritt drei). Die

---

[24] Vgl. Cisco Cloudlock (2016), S. 10f.

Schritte vier bis sechs sind in diesem Modell identisch aufgebaut, wie beim Log connection.[25]

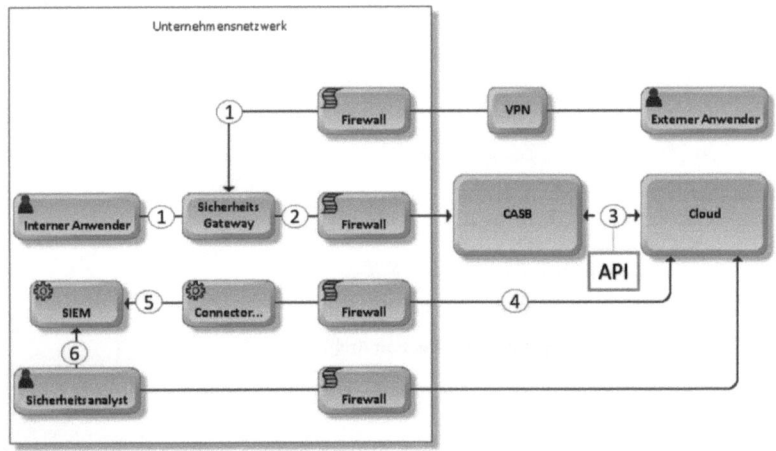

Quelle: In Anlehnung an Obregon (2017), S. 13.

Abbildung 2: Visualisierung der API-Architektur

4.2.3 Forward Proxy und Reverse Proxy

Bei Proxy basierenden CASBs werden Proxys zwischen den Anwendern und den benötigten Informationen platziert. Der gesamte Zugriff von Anwendern auf die Cloud verläuft über diesen Proxy. Dabei bieten Proxys die Möglichkeit an bestimmte Aktivitäten zu blockieren, die verhindern können, dass sensible Informationen wie Kreditkartenummern vollständig in der Cloud sichtbar sind. Im CASB-Umfeld werden dabei zwischen den Lösungen Forward Proxy und Reverse Proxy unterschieden. Ersteres geben den Sicherheitsteams erhöhte Kontrolle und Transparenz, in dem die eingesetzten Geräte der Anwender so konfiguriert werden, dass der Datenverkehr immer über das CASB auf die benötigten Informationen oder Applikationen verläuft. Nicht verwaltete Geräte durch das Sicherheitsteam, also Komponenten der Shadow-IT werden an dieser Stelle nicht betrachtet.[26]

Die nächste Abbildung visualisiert die Forward Proxy Architektur. Anwender greifen dabei über das interne Web Security Gateway des Unternehmens auf die Cloud Umgebung zu. In Abhängigkeit der Sicherheitsrichtlinien können externe Anwender über eine VPN-

---

[25] Vgl. Obregon (2017), 12f.
[26] Vgl. Cisco Cloudlock (2016), S. 12f. [30] Vgl. Obregon (2017), S. 10f.

Verbindung auf das interne Netzwerk des Unternehmens zugreifen. Diese Prozesse werden in Schritt eins der Grafik dargestellt. Ein externer Benutzer kann auch über speziell konfigurierte Unternehmensgeräte über das Internet zur CASB-Schnittstelle adressiert werden. Die Adressierung aller Anwender zum CASB ist mit Schritt zwei abgebildet, in dem die Erfüllung aller Sicherheitsvorgaben für den Cloud-Zugriff erfüllt sein müssen, bevor der Anwender zum Ziel weitergeleitet wird (Schritt drei). Die Kommunikation zwischen dem CASB und dem SIEM System und die dazugehörige Interaktion mit dem Sicherheitsanalysten, die Schritte vier bis sechs, wurden bereits im vorherigen Kapitel im 4.2.1 erläutert.[30]

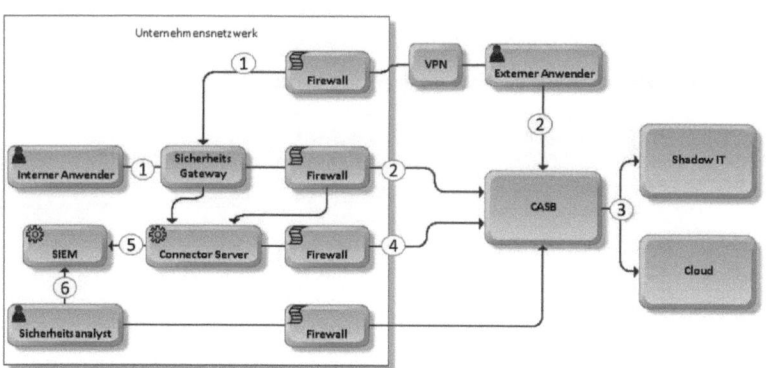

Quelle: In Anlehnung an Obregon (2017), S. 11.

Abbildung 3: Visualisierung der Forward Proxy Architektur

Die Aufgabe des Modells Reverse Proxy besteht darin, Richtlinien für den Cloud Zugriff vorzugeben. Dabei wird der gesamte Datenverkehr über den CASB weitergeleitet. Für dieses Modell ist ein Identity and Access Management-System (kurz: IAM-System) erforderlich, um authentifizierte Anwender an den CASB weiterzuleiten, der den Datenverkehr zur gezielten Cloud gewährleistet. Die nächste Abbildung stellt diesen Prozess grafisch dar. In Schritt eins wird dargestellt, dass bei internen und externen Zugriffen die jeweiligen Anwender zunächst über das IAM-System authentifiziert werden müssen. Wenn die Authentifizierung erfolgreich war (Schritt zwei und drei), wird der Zugriffsprozess über den CASB geleitet (Schritt vier). Beim CASB angekommen werden die Sicherheitsrichtlinien geprüft und wenn die Prüfung erfolgreich war, wir der jeweilige Anwender an die Cloud weitergeleitet (Schritt fünf) und kann auf die benötigten Ressourcen zugreifen.[27]

---

[27] Vgl. Obregon (2017), S. 11f.

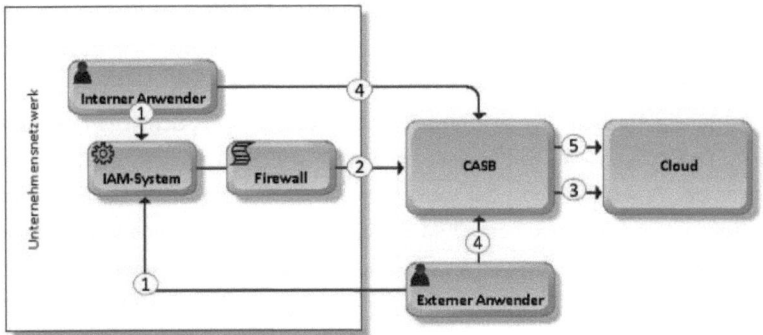

Quelle: In Anlehnung an Obregon (2017), S. 12.

Abbildung 4: Visualisierung der Reverse Proxy Architektur

5 Fazit

In dieser Arbeit wurden die Chancen und Risiken der Cloud-Nutzung von Unternehmen mit Hinblick auf die Informationssicherheit behandelt. Dabei konnte ermittelt werden, dass immer mehr Unternehmen, unabhängig ihrer Größe, Cloud Lösungen in ihren Geschäftsmodellen integrieren. Durch den Einsatz von Cloud Systemen wurden verschiedene Unternehmen dabei unterstützt sich am jeweiligen Markt zu platzieren und zu behaupten. Bei der Implementierung solcher Systeme sind Unternehmen jedoch von verschiedenen Herausforderungen betroffen, wobei die Grundwerte der Informationssicherheit an dieser Stelle eine hohe Priorität aufweisen. Dadurch das Unternehmen die Sicherstellung der Integrität, Verfügbarkeit und Vertraulichkeit von Informationen im Cloud-Umfeld nicht ausreichend ausgearbeitet haben, sind hohe Schäden entstanden. Damit die Cloud-Dienste in einem sicheren Umfeld eingesetzt und solche Schadensfälle vermieden werden können, muss die Sicherheitspolitik eines Unternehmens hinreichend geplant und aufgestellt werden. Im Hauptteil dieser Arbeit wurden CASB-Lösungen vorgestellt, die einen Ansatz zur Unterstützung des Sicherheitsprozesses im Cloud-Umfeld darstellen. Als Ergebnis dieser Arbeit wurden vier verschiedene Cloud Systemen grafisch dargestellt und erläutert. Dazu wurden die einzelnen Modelle zunächst definiert, daraufhin wurde die einzelnen Prozesseschritte der jeweiligen Architekturen Schritt für Schritt beschrieben. In dieser Arbeit wurde sowohl der Nutzen von Cloud-Systemen vorgestellt, als auch die damit verbunden Herausforderungen. Als möglichen Lösungsansatz, um diesen Herausforderungen entgegen zu wirken, wurde das Thema CASB herangeführt. Dazu wurden mögliche Einsatzgebiete von CASBs vorgestellt zum anderen wurden die Unterschiede der verschiedenen CASB-Ansätze verdeutlicht.

Eine Untersuchung, wie effizient die einzelnen CASB-Modelle ein Unternehmen bei der sicheren Umsetzung von Cloud-Systemen unterstützt, konnte nicht durchgeführt werden. Auch die aktuelle Akzeptanz von CASB-Lösungen am Markt durch quantitative und qualitative Forschungen wurden in dieser Arbeit nicht behandelt, da die Ausarbeitung den Umfang dieser Arbeit überschritten hätte. Im Rahmen einer zukünftigen Arbeit wäre es wünschenswert diese Aspekte zu behandeln.

Literatur- und Quellenverzeichnis

Abolhassen (2016) Abolhassan, Ferri: Was treibt die Digitalisierung? Warum an der Cloud kein Weg vorbeiführt, Springer Gabler, Wiesbaden 2016

Barton (2014) Barton, Thomas: E-Business mit Cloud Computing – Grundlagen | Praktische Anwendung | verständliche Lösungsansätze, Springer Vieweg, Wiesbaden 2014

Bitkom (2017) Bitkom e.V.: Nutzung von Cloud Computing in Unternehmen boomt, Berlin 2017, https://www.bitkom.org/Presse/Presseinformation/Nutzung-von-Cloud-Computing-in-Unternehmen-boomt.html (zuletzt Aufgerufen 16.06.2018)

Bitkom (2013) Bitkom e.V.: Eckpunkte für sicheres Cloud Computing - Leitfaden für die Auswahl vertrauenswürdiger Cloud Service Provider, Berlin 2013

Borges   Hrsg., Borges, Georg Hrsg., Schwenk, Jörg: Daten- und Identitäts-
Schwenk (2012)   schutz in Cloud Computing, E-Government und E-Commerce, Springer-Verlag, Heidelberg 2012

BSI (2016) Bundesamt für Sicherheit in der Informationstechnik: Sichere Nutzung von Cloud-Diensten - Schritt für Schritt von der Strategie bis zum Vertragsende, Druckpartner Moser Druck + Verlag GmbH, Rheinbach 2016

BSI (2012) Bundesamt für Sicherheit in der Informationstechnik: Sicherheitsempfehlungen für Cloud Computing Anbieter – Mindest-anforderungen in der Informationssicherheit –, Druckpartner Moser Druck + Verlag GmbH, Rheinbach 2012

Barton (2014) Barton, Thomas: E-Business mit Cloud Computing – Grundlagen | Praktische Anwendung | verständliche Lösungsansätze, Springer Vieweg, Wiesbaden 2014

Bitkom (2017)	Bitkom e.V.: Nutzung von Cloud Computing in Unternehmen boomt, Berlin 2017, https://www.bitkom.org/Presse/Presseinformation/Nutzung-von-Cloud-Computing-in-Unternehmen-boomt.html (zuletzt Aufgerufen 16.06.2018)
Bundesdruckerrei (2017)	Bundesdruckerrei GmbH: Digitalisierung und IT-Sicherheit in deutschen Unternehmen - Eine repräsentative Untersuchung, erstellt von der Bundesdruckerei GmbH in Zusammenarbeit mit KANTAR EMNID, Berlin 2017
Cisco Cloudlock (2016)	CloudLock, Inc.: The Buyer's Guide to Cloud Access Security Brokers (CASBs), Waltham 2016
DOLPHIN (2017)	DOLPHIN Systems AG: Datensicherheit und Datenschutz, Wollerau 2017
Gartner (2018).	Gartner, Inc.: Cloud Access Security Brokers (CASBs), Stamford 2018 https://www.gartner.com/it-glossary/cloud-access-security-brokers-casbs/ (zuletzt Aufgerufen 16.06.2018)
Münzl et al. (2015)	Münzl, Gerald, Pauly, Michael, Reti, Martin: Cloud Computing als neue Herausforderung für Management und IT, Springer Gabler, Heidelberg 2015
Mell, Grance (2011)	Mell, Peter, Grance, Timothy: The NIST Definition of Cloud Computing - Recommendations of the National Institute of Standards and Technology, National Institute of Standards and Technology, Gaithersbur 2011
Obregon (2017)	Obregon, Luciana: A Technical Approach at Securing SaaS using Cloud Access Security Brokers, SANS Institute, Swansea 2017
Roesner (2017)	Roesner, Michael: Unternehmensdaten in der Cloud: Wachstumspotenzial mit Sicherheitsrisiko? Kaspersky Labs GmbH, Ingolstadt 2017 https://www.kaspersky.de/blog/unternehmensdaten-in-der-cloud-wachstumspotenzial-mit-sicherheitsrisiko/15551/ (zuletzt Aufgerufen 16.06.2018)
Schneider, Sunyaev (2015)	Stephan Schneider, Ali Sunavey: Cloud-Service-Zertifizierung - Ein Rahmenwerk und Kriterienkatalog zur Zertifizierung von Cloud-Services, Springer Gabler, Heidelberg 2015

BEI GRIN MACHT SICH IHR
WISSEN BEZAHLT

- Wir veröffentlichen Ihre Hausarbeit,
  Bachelor- und Masterarbeit

- Ihr eigenes eBook und Buch -
  weltweit in allen wichtigen Shops

- Verdienen Sie an jedem Verkauf

Jetzt bei www.GRIN.com hochladen
und kostenlos publizieren